La historia del Día de los Muertos

Una celebración de los lazos familiares eternos

Andrea Jáuregui De La Torre

Illustrado por Laura González

becker&mayer! kids

En la tradición Mexica, se cree que las almas de los muertos regresan como mariposas. Y si ves a un colibrí, significa que un ser querido te está enviando un mensaje. Los colibríes y las mariposas, en especialmente las monarcas, viajan a México en el invierno, ¡justo a tiempo para celebrar el Día de los Muertos!

Los Xoloitzcuintles, o Xolos, deben su nombre al dios del relámpago, Xolotl, y a la palabra *itzcuintli*, que significa "perro." Son una raza originaria de México y los aztecas creían que estos perros eran los mejores amigos de los humanos tanto en esta vida como en el más allá. Se decía que los Xolos guiaban a las almas de los muertos y les ayudaban a reencontrarse con sus seres queridos en el Día de los Muertos.

¡Cuenta cuantas mariposas, colibríes y Xolos puedes encontrar en el libro!

A mi amor, Joe: gracias por apoyar cada uno de mis sueños.

A mi México: gracias por toda la belleza que vi cuando era niña, desde los mercaditos hasta los volcanes.

La historia del Día de los Muertos comienza hace miles de años. Es un cuento hermoso y complejo, lleno de diferentes culturas y tradiciones que se han transmitido a través de muchas generaciones.

El Día de los Muertos no es un día de miedo ni de pura tristeza. Es un día de gran reunión familiar, una celebración solemne pero con la alegría de recordar a nuestros seres queridos que han muerto, una oportunidad para dar la bienvenida a sus espíritus.

Las personas que viven en México y mexicanos que viven por todo el mundo honoran a sus muertos de maneras significativas. Cada familia tiene su propia manera de celebrar esas vidas que han partido, pero siempre es el amor lo que les ayuda a mantenerlos en su memoria.

La historia del Día de los Muertos comienza en el México antiguo. La civilización azteca vivió en lo que hoy en día es el centro de México entre 1300 y 1500 d.C. Era una sociedad fascinante que creía en muchos dioses y tenía numerosas tradiciones y creencias únicas.

Una de estas tradiciones era celebrar la muerte. ¡Los aztecas realizaban festividades para honrar a los muertos aproximadamente seis veces al año! No le temían a la muerte—la veían como una parte importante de la vida. En lugar de temerla, recordaban y honraban a sus difuntos.

Miccailhuitontli y Heymiccaihuitl eran fiestas dedicadas a los muertos: la primera honraba a los niños y la segunda a los adultos. En la víspera de estas festividades, los aztecas recolectaban flores y las usaban para decorar sus templos. También cocinaban sus platillos más tradicionales para los banquetes de la celebración.

En estos días, también hacían ofrendas a dioses como Huitzilopochtli y Tezcatlipoca en nombre de sus muertos. Los historiadores no están seguros de cuándo comenzaron estas festividades aztecas, pero es posible que provengan de los olmecas, quienes vivieron en la costa del Golfo de México hace unos tres mil años.

En 1519, el conquistador español Hernán Cortés y su tripulación llegaron al Golfo de México y se dirigieron a Tenochtitlán (lo que hoy es la Ciudad de México). Sorprendieron a los aztecas, que habían vivido allí durante cientos de años, y reclamaron la tierra para España.

Los españoles querían convertir a los aztecas a su religión: el catolicismo, una fe cristiana. Empezaron a enseñarles las tradiciones y creencias cristianas, y así fue como la religión católica reemplazó muchas de las creencias de los pueblos nativos.

Y, al igual que los aztecas, los católicos también celebran festividades para los muertos. Los católicos creen que cuando las personas mueren, pueden ir al cielo y convertirse en santos.

El primero de noviembre, los católicos celebran el Día de Todos los Santos. Los santos son personas que hicieron cosas buenas en su vida y tienen milagros atribuidos a su intercesión: hechos maravillosos que no se pueden explicar con la ciencia y ocurrieron después de su muerte. Para celebrar el Día de Todos los Santos, los católicos van a misa, y muchos niños se disfrazan de su santo favorito.

El 2 de noviembre, los católicos celebran el Día de Todas las Almas, un día para recordar a todos aquellos que han muerto. En este día, recuerdan a quienes tal vez siguen en el purgatorio (la etapa antes del cielo), visitan sus tumbas y preparan comida en su honor.

Con el tiempo, algunas prácticas aztecas se mezclaron con rituales y tradiciones católicas, dando lugar a nuevas costumbres. Una de ellas es el Día de los Muertos, una hermosa celebración de conmemoración que reúne un poco de ambas culturas.

Hoy, el Día de los Muertos es un momento en el que acogemos a nuestros seres queridos que han partido. Podemos esperar con alegría estas visitas anuales, acompañadas de celebraciones festivas.

El Día de los Muertos es un tiempo de familia. La familia incluye a todos los que vivieron antes de nosotros y a aquellos que nunca conoceremos en el futuro, pero lo que nos une a través de las generaciones es nuestro amor y las tradiciones que compartimos .

Para el Día de los Muertos, preparamos nuestras casas, las limpiamos y creamos un espacio para nuestras ofrendas.

Queremos ofrecerles lo mejor, así que barremos, lavamos ventanas, movemos nuestros muebles y hacemos decoraciones, como el papel picado. Para hacer papel picado, cortamos dibujos y figuras en papeles brillantes, una tradición que proviene de la costumbre azteca de cortar y decorar pedazos de corteza de árbol.

El altar de muertos es una de las imágenes más reconocibles del Día de los Muertos. Es un lugar muy especial donde las familias colocan los objetos de sus difuntos. El altar es una forma significativa de honrarlos y reflexionar sobre la relación entre los vivos y los muertos.

En la mayoría de los altares, encontrarás los cuatro elementos: un vaso de agua, el fuego de velitas, la comida que representa la tierra y el papel picado, que simboliza el aire. También agregamos las comidas favoritas de nuestros seres queridos, algunas de sus pertenencias y sus fotos. Las velas iluminan el camino para nuestros ancestros—también hay sal, que purifica a los visitantes, así como una cruz e incienso para protegerlos de los malos espíritus.

Los altares suelen tener uno, dos o tres niveles. Un altar de un nivel puede tener todo a la vista y puede ser una mesa de comedor o una mesita chiquita. Un altar de dos niveles puede ser simbólico y representar la diferencia entre la tierra y el cielo, mientras un altar de tres niveles también puede simbolizar el purgatorio. ¡Cada familia elige!

¡La comida del Día de los Muertos es una parte importante y deliciosa! Con ella, podemos alimentar a nuestros ancestros viajeros, y también disfrutarla nosotros. Usamos la comida como parte de la ofrenda, y muchos también llevan comida a los cementerios.

En este día, disfrutamos de muchos platillos típicos mexicanos, como las conchas, el pan de muerto, comida con mole, tamales, frutas, frijoles... ¡y más! Nos aseguramos de incluir la comida favorita de nuestros difuntos.

Casi siempre, puedes encontrar pequeñas calaveritas dulces. Están hechas de azúcar y decoradas con muchos colores, y nos ayudan a ver a los muertos con menos miedo.

Una de las partes más hermosas del Día de los Muertos es el uso del cempasúchil, una bella flor naranja. El cempasúchil es simbólico: representa la luz, pero también nos recuerda que la vida acabará algún día y que eso es natural.

Por todo México, se decoran parques y edificios con cempasúchil para el festejo. Usamos guirnaldas de cempasúchil en nuestras ofrendas, y muchos las colocan en las tumbas. También las puedes ver en los desfiles. Llenamos canastas con la flor naranja y las ponemos por toda la casa o simplemente frente a la ofrenda.

Nos gusta poner cempasúchil alrededor de toda la ofrenda, pero también hacer un camino hacia ella. Su color brillante puede guiar a los muertos a sus hogares, y su olor dulce es fuerte y les recuerda a los espíritus que pueden visitar con seguridad.

El Día de los Muertos tiene muchos símbolos, o elementos que nos recuerdan algo importante.

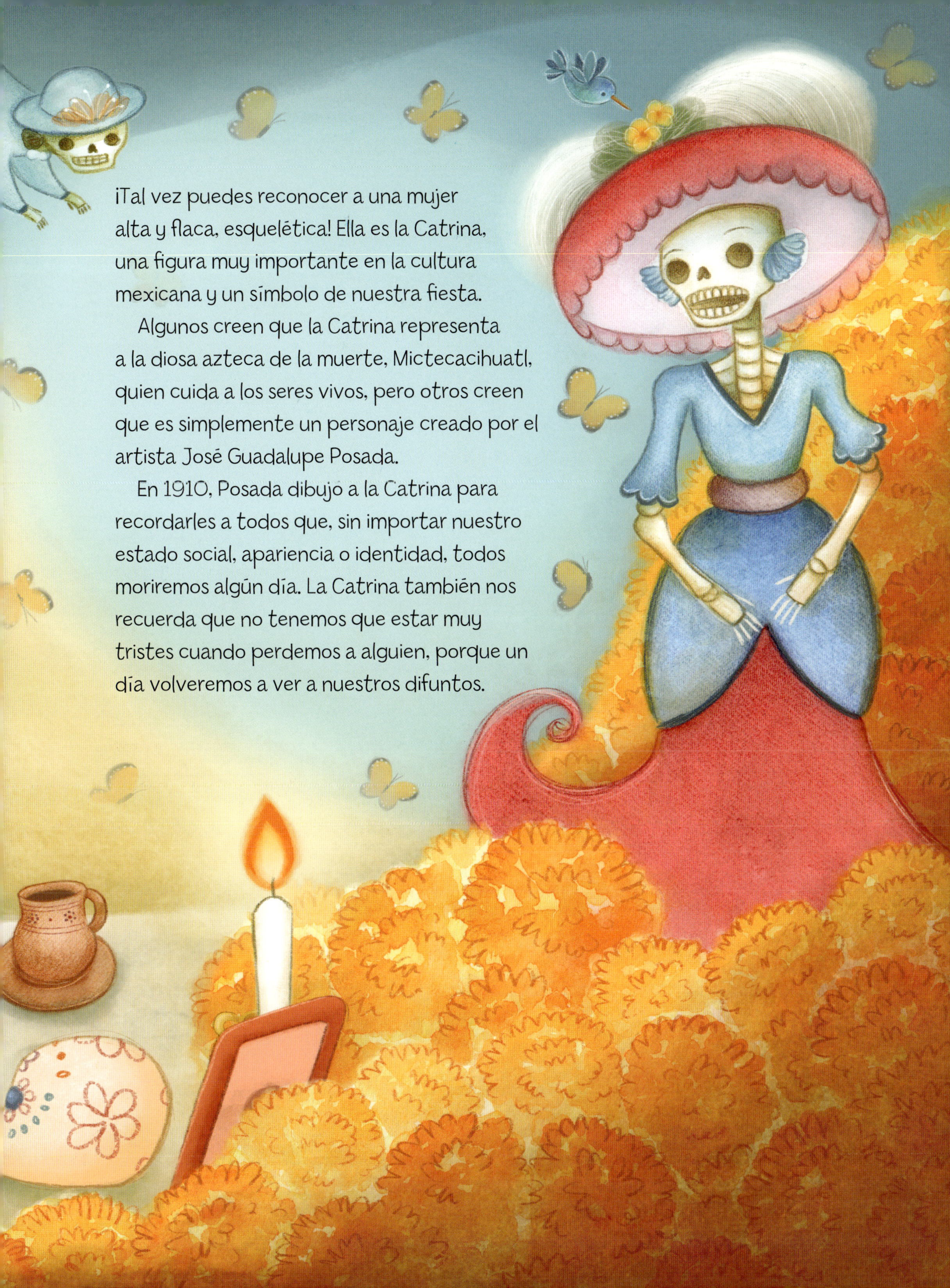

¡Tal vez puedes reconocer a una mujer alta y flaca, esquelética! Ella es la Catrina, una figura muy importante en la cultura mexicana y un símbolo de nuestra fiesta.

Algunos creen que la Catrina representa a la diosa azteca de la muerte, Mictecacihuatl, quien cuida a los seres vivos, pero otros creen que es simplemente un personaje creado por el artista José Guadalupe Posada.

En 1910, Posada dibujo a la Catrina para recordarles a todos que, sin importar nuestro estado social, apariencia o identidad, todos moriremos algún día. La Catrina también nos recuerda que no tenemos que estar muy tristes cuando perdemos a alguien, porque un día volveremos a ver a nuestros difuntos.

Muchas familias visitan las tumbas de sus seres queridos durante la celebración. Los miembros de la familia llegan con velas, rezan o cantan, y recuerdan a sus difuntos.

Lavamos las tumbas y luego colocamos cempasúchil y velas para decorarlas y dar la bienvenida a los espíritus.

Juntos comemos, y muchos suelen contar historias de nuestros seres queridos que han fallecido. A veces, traemos bandas de mariachis y cantamos con ellas. Suele ser un momento muy especial, cuando todos nos reunimos y recordamos a muchas generaciones de nuestra familia: conectamos el pasado con el presente.

El Día de los Muertos se celebra cerca de otros festivos similares: el Día de Todos los Santos, el Día de Todas las Almas y otro que es muy famoso en los Estados Unidos: ¡Halloween! Muchos niños mexicanos salen a pedir calaveritas a sus vecinos en esta época, de manera muy parecida al trick or treat en los Estados Unidos. Pero es importante recordar que cada festividad es única y especial a su manera.

Aunque los festivos tengan tradiciones familiares, el Día de los Muertos se enfoca en recordar, honrar y celebrar a nuestros seres queridos que han fallecido. ¡Puede ser un tiempo feliz, cuando no tememos a los muertos, sino que los invitamos a visitarnos! Es un momento de recordar los lazos infinitos de la familia y que el amor dura para siempre.

Línea de tiempo

El Día de los Muertos ahora también es parte de los Estados Unidos gracias a los inmigrantes mexicanos que trajeron sus tradiciones. Hoy, muchas comunidades mexicanas celebran esas tradiciones con las que crecieron o las que sus abuelos trajeron. Muchas familias celebran este festivo y los festivos católicos en vez de celebrar Halloween, pero muchas otras combinan las celebraciones y organizan fiestas a finales de octubre y principios de noviembre.

Estas celebraciones familiares han crecido y salido de los hogares—ahora, muchas ciudades, como San Diego, San Antonio, Albuquerque, Nuevo Orleans y Chicago son anfitriones de numerosos eventos, exhibiciones, fiestas y desfiles.

1500 a.C.–100 d.C Los olmecas tenían fiestas para sus muertos, demostraban mucho respeto a sus fallecidos y a la muerte, la celebraban como un pasaje en la vida.

609 d.C. El papa Bonifacio IV instituye el Día de Todos los Santos para celebrar a los santos católicos el primero de noviembre. Los santos son personas especiales que siguieron el amor de Dios en su vida y tienen milagros verificados atribuidos a su intercesión.

837 d.C. El papa Gregorio IV convierte el Día de Todos los Santos, ahora una fiesta de la Iglesia Católica todos los primeros de noviembre.

1048 d.C. El sacerdote católico Odilón de Cluny establece el Día de Todas las Almas, el día en el que los católicos recuerdan a todos los difuntos el día 2 de noviembre.

1345 d.C.–1521 d.C Los aztecas gobiernan en Mesoamérica (lo que hoy es México) y celebran varios festivales para sus muertos, muchos en otoño.

1519 d.C. Hernán Cortés llega de España con su tripulación para reclamar las tierras, trayendo consigo las tradiciones católicas del Día de Todos los Santos, del Día de Todas las Almas y muchas más.

1910 El artista José Guadalupe Posada dibuja a la icónica Catrina, un símbolo de México y del Día de los Muertos.

1924 El artista mexicano Diego Rivera pinta el mural Sueño de una tarde dominical en la Alameda Central, donde aparecen la Catrina y su esposa, la artista Frida Kahlo.

1970s Los mexicanos empiezan a celebrar el Día de los Muertos a lo grande en comunidades de California, como una manera de expresarse y de reclamar su herencia indígena.

2008 La UNESCO refleja la importancia del festivo al agregar la celebración a la Lista del Patrimonio Cultural Inmaterial de la Humanidad.

2014 Se estrena la película de 20th Century Fox, El libro de la vida, que introduce la tradición a muchos niños en todo el mundo.

2015 La película de James Bond, Spectre, incluye un gran desfile del Día de los Muertos, llevando la fiesta a la cultura popular de Estados Unidos.

2016 La Ciudad de México tiene su primer desfile del Día de los Muertos.

2017 Muchas ciudades de Estados Unidos organizan festivales y desfiles del Día de los Muertos.

2017 Disney y Pixar estrenan la película animada Coco, que celebra la tradición mexicana de conectarnos con nuestros ancestros. La película aumenta la popularidad del Día de los Muertos.

Hoy en día, el Día de los Muertos se celebra en todo el mundo y es reconocido como una fusión de historia y tradiciones mexicanas.

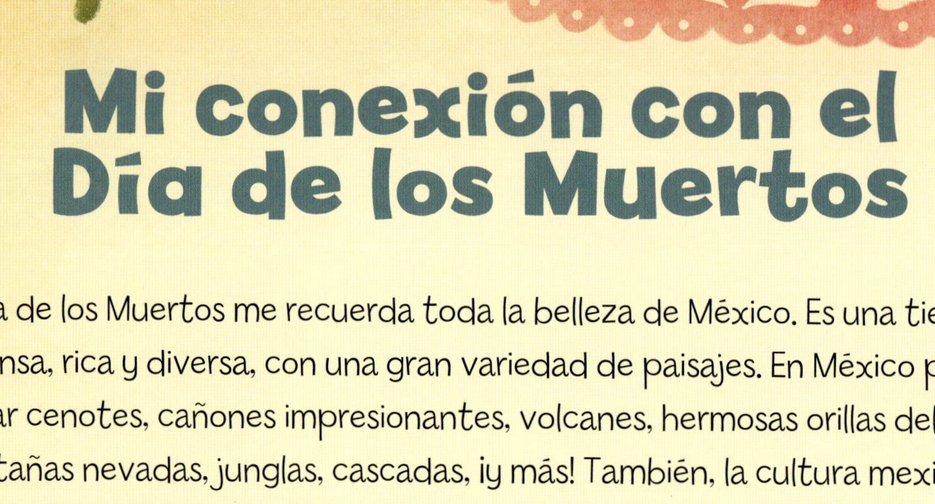

Mi conexión con el Día de los Muertos

El Día de los Muertos me recuerda toda la belleza de México. Es una tierra inmensa, rica y diversa, con una gran variedad de paisajes. En México puedes visitar cenotes, cañones impresionantes, volcanes, hermosas orillas del mar, montañas nevadas, junglas, cascadas, ¡y más! También, la cultura mexicana, llena de familia, amor, música y unión se puede ver por todo el país.

El Día de los Muertos es un festivo que amplifica el amor por la comunidad mexicana. Las familias se reúnen para carnes asadas casi todos los fines de semana, y cada sacramento religioso es motivo de una gran celebración familiar.

Hace mucho que ya no vivo en México, pero mis recuerdos de esos días son brillantes y cálidos. En mi niñez, no captaba bien lo que era el Día de los Muertos ni que se trataba de un tema triste: todo se sentía como una celebración. Recuerdo que mi mamá me contaba sobre mis abuelos y los suyos, y que íbamos a San Miguel de Allende a ver desfiles.

Mis recuerdos son muy simples, pero impactantes. Al pensar en este tema, recuerdo estudiar las partes de una ofrenda en mi escuela católica, el color naranja del cempasúchil por todo mi vecindario y la sensación de comunidad. También me acuerdo de caminar por las calles empedradas de San Miguel de Allende y de ver las catrinas gigantes sobre zancos.

Caminábamos junto a hermosas ventanas con rejas, y me asomaba para ver las ofrendas: veía sus fotos de familiares en blanco y negro, y todo estaba rodeado de comida y colores.

Mi parte favorita como niña eran las calaveritas. Mis dos hermanas y yo escogíamos una cada una (siempre quería la más fosforescente) y nos divertíamos quitándole los ojos de lentejuelas antes de comernos toda el

azúcar. Los adultos nos advertían que nos dolería la panza... y siempre tenían razón.

Hace diez años, me casé en San Miguel de Allende, en la iglesia donde descansan los cuerpos de mis abuelos. Antes de la boda, tuvimos una gran procesión con mojigangas por todo el centro, y me sentía muy conectada a mi país. En mi cabeza pasaban destellos del Día de los Muertos. Este tipo de tradiciones nos une a todos los mexicanos y nos ayuda a compartir nuestra belleza con todo el mundo.

Me encanta poder transmitirles esta tradición a mis hijos, y así ellos también pueden ser parte de generaciones y generaciones. Hoy en día, ponemos un altar para mis abuelos y los abuelos de mi esposo, hacemos pan de muerto y calaveritas juntos, y hablamos de las tradiciones.

Desde que nació mi primer hijo, todos los años hacemos una fiesta enorme para todos nuestros amigos y vecinos a finales de octubre. Normalmente, vienen todos disfrazados, como para una fiesta de Halloween, pero también hablamos de todos los santos y de nuestros seres queridos que han fallecido. Yo les platico a todos mis amigos norteamericanos sobre las tradiciones del Día de los Muertos.

Mi parte favorita de esta festividad es que tiene tanta historia y cultura mexicana, y que es fácil compartirla con cualquier persona.

¿Cuál es tu conexión con el Día de los Muertos? ¿Cómo lo celebrarás tú?

Publicado por primera vez en 2025 por becker&mayer!kids,
un sello de The Quarto Group,
142 West 36th Street, 4th Floor, New York, NY 10018, USA
(212) 779-4972 www.Quarto.com

Títulos de becker&mayer!kids Tambien están disponibles con descuento para ventas minoristas, mayoristas y compras al por mayor. Para mas información, contactar al Gerente de Ventas Especiales por correo electrónico specialsales@quarto.com o por correo postal a The Quarto Group, Attn: Special Sales Manager, 100 Cummings Center Suite 265D, Beverly, MA 01915, USA

10 9 8 7 6 5 4 3 2 1

ISBN: 978-1-57715-569-0

Edición digital publicada en 2025
eISBN: 978-0-7603-9988-0

Número de catalogación de la Biblioteca del Congreso: 2025935954

Editor del Grupo: Rage Kindelsperger
Director Creativo: Laura Drew
Editora General: Cara Donaldson
Director de Arte: Scott Richardson
Diseño de Portada e Interior: Scott Richardson

Impreso en China

Medida Lexile® 990L